Chicago

Gastar el dinero

Por Dana Meachen Rau

Especialista de lectura: Susan Nations, M.Ed., autora/profesora de lectura/consultora

Gareth Stevens
Publishing

Please visit our Web site www.garethstevens.com. For a free color catalog of all our high-quality books, call toll free 1-800-542-2595 or fax 1-877-542-2596.

Cataloging Data

Rau, Dana Meachen, 1971–
    Spending money / Gastar el dinero. by Dana Meachen Rau.
      p. cm. — (Money and banks)
    Includes bibliographical references and index.
    ISBN: 978-1-4339-3723-1 (lib. bdg.)
    ISBN: 978-1-4339-3724-8 (softcover)
    ISBN: 978-1-4339-3725-5 (6-pack)
————1. Money—Juvenile literature.   2. Consumption (Economics)—Juvenile literature.
  3. Finance, Personal—Juvenile literature.   4. Spanish-language materials I. Title.   II. Series.

New edition published 2010 by
Gareth Stevens Publishing
111 East 14th Street, Suite 349
New York, NY 10003

New text and images this edition copyright © 2010 Gareth Stevens Publishing

Original edition published 2006 by Weekly Reader® Books
An imprint of Gareth Stevens Publishing
Original edition text and images copyright © 2006 Gareth Stevens Publishing

Art direction: Haley Harasymiw, Tammy West
Page layout: Daniel Hosek, Dave Kowalski
Editorial direction: Kerri O'Donnell, Barbara Kiely Miller
Spanish Translation: Eduardo Alamán

Photo credits: Cover, title page © White Packert/Iconica/Getty Images; pp. 4, 6, 8, 10, 16, 17, 19, 20 (upper right), 21 Shutterstock.com; pp. 7, 9, 12, 15, 18, Gregg Andersen; pp. 5, 11, 20 (left and lower right) Diane Laska-Swanke.

Printed in the United States of America

CPSIA compliance information: Batch #WW10GS: For further information contact Gareth Stevens, New York, New York at 1-800-542-2595.

Contenido

Las palabras en **negrita** aparecen en el glosario

¡Tantas cosas por comprar!

¿Has estado en un centro comercial? Cada tienda vende algo diferente. Algunas venden libros y otras venden ropa. Otras venden bocadillos y otras venden zapatos. Tú puedes comprar dos tipos de cosas con el dinero. Puedes comprar **bienes** o **servicios**.

Puede ser difícil decidir en qué gastar el dinero.

Los bienes son cosas que puedes comprar y llevar a tu casa, como juguetes y libros. La ropa y los alimentos que compras en el mercado también son bienes. ¿Se te ocurre qué otros bienes puedes comprar?

Las manzanas del mercado también son bienes.

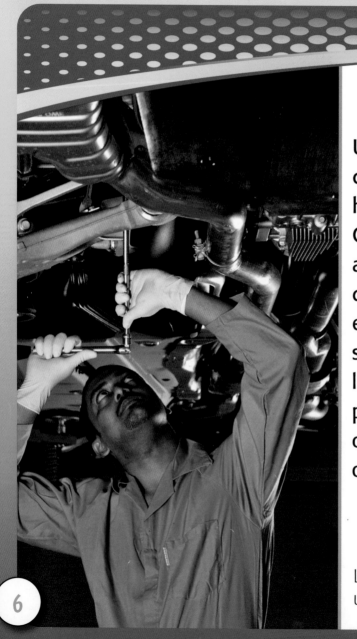

Un servicio es algo que una persona hace para otra. Cuando un mecánico arregla el coche de una persona le está haciendo un servicio. El **cliente** le paga al mecánico por el servicio. ¿Qué otros servicios se te ocurren?

Los mecánicos proveen un servicio.

El dinero viaja lejos

El dinero viaja cuando lo gastamos en bienes o servicios. Imagina que tu mamá te da un dólar. Tú lo guardas en tu alcancía una semana. Luego, tú le das el dólar a otra persona para comprar un libro. El dinero que se mueve de una persona a otra se llama **dinero en circulación**.

Cuando compras una galleta, el dinero que gastas pasa a otra persona.

El gobierno hace las monedas y el papel moneda, o billetes. Las monedas son de metal y duran muchos años. Los billetes sólo duran cerca de un año y medio. ¿Sabes por qué?

Las monedas se fabrican en la Casa de la Moneda de los Estados Unidos.

El gobierno envía el dinero que fabrica a los bancos. Los bancos guardan el dinero en cajas fuertes. Los guardias del banco cuidan el dinero. El banco se asegura de que tendrá el dinero para cuando lo necesiten los clientes.

El dinero viaja a los bancos en camiones especiales.

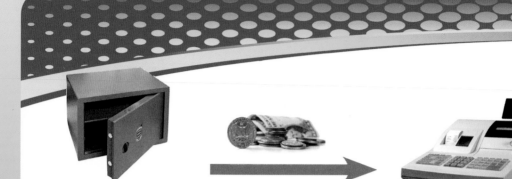

Veamos cómo viaja el dinero. El dueño de una tienda va al banco a sacar dinero para su tienda.

Más tarde, alguien compra un sandwich en la tienda. El dueño le da unas monedas de **cambio**.

Camino a casa, esta persona gasta el cambio en una botella de agua. ¡El dinero ha viajado de un lado a otro!

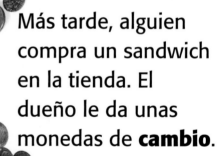

A las monedas y billetes se les llama dinero en efectivo. Comprar cosas con dinero en efectivo es muy fácil, pero usar dinero en efectivo no es la única forma de gastar el dinero.

El dinero está hecho de diferentes denominaciones, o cantidades. ¿Cuántas puedes ver aquí?

Muchas personas guardan su dinero en **cuentas** de banco. Pero no tienen que ir al banco cada vez que necesitan pagar por algo. Para esto pueden usar **cheques**. Quizás algún familiar te ha enviado un cheque como regalo de cumpleaños.

Un cheque es una manera segura de enviar dinero por correo.

Un cheque es un papel especial. Tiene espacios para poner tu nombre, la fecha y cuánto dinero se debe pagar. Si recibes un cheque lo puedes llevar al banco y cambiarlo por dinero en efectivo. El banco toma el dinero de la cuenta de cheques.

RUBY JOHNSON
1234 PLEASANT ST.
MY CITY, USA 12345

12-3456/7890
01234567

1000

DATE *May 25, 2009*

PAY TO THE ORDER OF *Anna Johnson* $ *10.00*

Ten and 00/100 ————

DOLLARS

State Bank

MEMO *Happy Birthday!*

Ruby Johnson

⑆123456789⑆ ⑈12 34 5678⑉ 1234

Un cheque debe tener un nombre y una firma antes de cambiarlo por efectivo.

Los adultos pueden pagar usando una **tarjeta de crédito**. Una tarjeta de crédito es una tarjeta de plástico. En muchos lugares se puede pagar con tarjeta de crédito en lugar de dinero en efectivo. Días más tarde, el cliente recibe una cuenta por correo. Si el cliente no paga a tiempo tiene que pagar extra a la tarjeta de crédito.

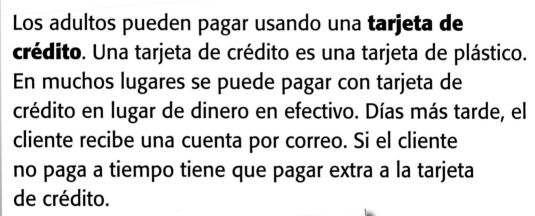

Las tarjetas de crédito tienen un número de cuenta. Cada tarjeta de crédito tiene un número diferente.

¡Hagamos un presupuesto!

Digamos que tienes diez dólares para gastar en la feria. ¿En qué los gastarías? Quizás tienes hambre y quieres gastarlos en un bocadillo. Pero entonces no tendrás dinero para pagar por un juego.

¿Gastarías tu dinero en un pretzel o en el carrusel?

Tú puedes planear cómo gastar tu dinero. A este plan se le llama **presupuesto**. Un presupuesto te puede ayudar a comprar los bienes y servicios que necesitas. Además te ayuda a saber cuánto dinero te quedará después de estas compras.

Para hacer un presupuesto, debes pensar muy bien qué es lo que necesitas comprar.

Los adultos necesitan gastar dinero en la casa, alimentos y ropa. Además pagan por la calefacción, electricidad y otras cosas que se necesitan en casa. También ahorran parte de su dinero. Así, pueden planear lo que necesitan comprar. Además los adultos deben ahorrar dinero para emergencias, como cuando se descompone el auto y necesitan arreglarlo.

Ir de vacaciones es una manera muy divertida de gastar dinero.

Tú puedes hacer un presupuesto para decidir cómo gastar los diez dólares en la feria. Puedes gastar dos dólares en comida, un dólar en juegos y cinco en la rueda de la fortuna. Puedes usar un dólar para comprar un globo.

Puedes usar un cuaderno para hacer tu presupuesto. Éste es tu plan de gastos.

Si sigues tu presupuesto tendrás un dólar extra.
Puedes usar este dólar para comprar algo que no habías
planeado. Quizás puedas comprar un emparedado,
o quizás otro juego. Cuando tienes un presupuesto,
puedes tener suficiente dinero para comprar lo
que has planeado.

Cuando planeas tus gastos puedes tener suficiente dinero para hacer cosas muy divertidas.

Conexión matemática

Vas a ir de paseo al zoológico y tienes 10.00 dólares para gastar. Mira esta lista de bienes y servicios del zoológico. Planea en qué quieres gastar tu dinero haciendo un presupuesto. Escribe tu presupuesto en una hoja de papel.

Boletos

Boleto del zoológico
$6.00

Paseo en pony
$2.00

Comida

 =

Refresco $1.50

Palomitas $1.00

Tienda

Lápiz de cebra 25¢

Jirafa $2.50 =

Extras

Comida para
las cabras 50¢  =

Glosario

bienes (los) cosas que compramos y que podemos llevar a casa

cambio (el) el dinero que se devuelve cuando algo se compra con dinero en efectivo para pagar algo que costó menos

cheque (el) un papel especial que puede usarse como dinero

cliente (el/la) una persona que paga por un bien o servicio

cuenta (la) el dinero que guarda una persona en el banco

dinero en circulación (el) el dinero que se mueve de persona en persona o de lugar en lugar

presupuesto (el) un plan de cómo se gastará el dinero

servicios (los) algo que alguien hace por otra persona

tarjeta de crédito (la) una tarjeta que permite comprar algo y pagar más tarde

Más información

Libros

Endres, Hollie J. *¿Cuánto dinero?* Capstone Press, 2006

Hall, Margaret. *Dinero: Ganar, ahorrar, gastar / Earning, Saving, Spending.* Heinemann-Raintree, 2008

Ring, Susan. *Matemáticas y dinero.* Capstone Press, 2005

En Internet

Kids and Money
www.ext.nodak.edu/extnews/pipeline/d-parent.htm
A newsletter for kids with tips on spending wisely

Kids' Money Kids' Page
www.kidsmoney.org/kids.htm
Filled with ideas and links to all money matters for kids

Índice

Acerca de la autora

Dana Meachen Rau es escritora, editora e ilustradora. Dana ha escrito más de cien libros para niños en diferentes niveles. Dana vive con su familia en Burlington, Connecticut.